RENEWALS 458-4574
DATE DUE

Versos sueltos de cada día

Biblioteca Alberti

Rafael
Alberti

Versos sueltos
de cada día

Primero y segundo
cuadernos chinos
(1979-1982)

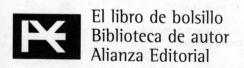

El libro de bolsillo
Biblioteca de autor
Alianza Editorial

Diseño de cubierta: Alianza Editorial
Ilustración: Dibujo del autor
                © Rafael Alberti: El Alba del Alhelí. VEGAP, Madrid, 1999
Proyecto de colección: Odile Atthalin y Rafael Celda

© Rafael Alberti, 1982, El Alba del Alhelí, S. L.
© Seix Barral, 1982
© Alianza Editorial, S. A., Madrid, 1999
    Calle Juan Ignacio Luca de Tena, 15; 28027 Madrid; teléf. 91 393 88 88
    ISBN: 84-206-3882-X
    Depósito legal: M. 29.060-1999
    Compuesto en Infortex, S. L.
    Impreso en Closas-Orcoyen S. L. Polígono Igarsa
    Paracuellos de Jarama (Madrid)
    Printed in Spain

Versos sueltos de cada día,
poemillas prendidos al azar,
venidos
de la brisa del mar
o llovidos
de cualquier negra nube mía.
Solos, libres vilanos
perdidos
que acaban de llegar
a mis manos
y huidos,
de tanto en tanto heridos,
a todo escape se echan a volar.

Primer cuaderno chino

Están desnudas tus 50 hojas,
tus 100 mínimas páginas,
dulces, blancas,
que las repaso al aire como pétalos
de una flor delicada
que tengo que escribir.

Las rosas frente al lago.

Deseos de navegar las rosas,
de bañarse, sumergirse,
rosas lacustres un día,
una noche de verano.

Y soñarse desde lejos
las rosas frente al lago.

Le salen bandas azules.
Una sola barca en ellas.
El espacio es infinito.
El cielo, el lago son uno.

Me dormí y ya desperté.
No sé cuándo me dormí
ni cuándo me desperté.

Que no vea jamás
aquello que en el día
hará que desenvaine sus espadas.
No quisiera que ella fuese mi ángel terrible.

¿Qué día me esperará?
Por de pronto me duele el esqueleto
y no tengo deseos de sentarlo
y menos de que ande.

¿Me creeré de verdad
que he de llegar a vivir
125 años?

Cuando me marché del lago,
no me miró, por lo poco
que yo lo había mirado.

Van a ser las 5 ya.
¿Qué pasará si me digo
que tengo que despertar?

Suena una música horrible.
Pasan dos senos en punta
de una rubia macedónica.
El lago está hoy dormido.

Me voy. El año que viene
¿volveré? ¿Seguirá el lago
esperando mi canción?

Tazas, yogurt y cáscaras de huevos.
Viento. Fuera, los árboles.
Se ha quedado vacío el comedor.

Yo vivo un frenesí
donde quiera que vaya.
¿Nada me salva? ¿Espero
morir desesperado?

No querían,
hace ya mucho tiempo que lo dije,
que yo me parara en nada.

Recurriré a un lenguaje
total, desesperado,

para expresar aquello
que con el que ya sé me es imposible.

Por ejemplo, diré:
resoré lenson corarré son lensen
dólor ni sarta muersimar mi pena
ay re mi ay fa mi re sol remido
no nó no nó si muer
si muersimar ay ay.

Si os si su si ró
si né si gró
si queronsí conflú
conflume flugro
neflu gruflu si ós
si cú si ró
siqueronsí siné sigró.

Tanto morir antes de tiempo para
no saber nada de mi propia muerte.

Abismos que acechan cada día.

Marinero de sombras y de angustias.

Ya no te ven pasar los litorales
amarrados del mundo, ni te llaman.

Un navegar atado en que la muerte,
aunque tú no lo ves, lleva el timón.

Capitán de los vientos sin rumbo de la noche.

Aunque de pronto logras en el día
ser sólo el timonel de tu destino.

Amanece y me creo
que por primera vez he amanecido.

Amanezco en Skopje. Macedonia.
Maldición del lenguaje. Ya eres mudo
o ya vas atendiendo, desganado,
a pobres traducciones inexactas.

Laberinto terrible el de las lenguas.
Ando ciego, perdido entre sonidos,
maravillado, triste, furibundo...

Escucho este respiro que me trae
el hálito del mar y la tormenta.

Cambio de ritmo, cambio de la música,
del aire, de la luz, del pensamiento.

¿Dónde estará mi perro esta mañana?
Titiritero, Chico,
me esperará de pie, humilde y único.

Aquella noche te encontré sentado
ante mi puerta, solo, desvalido.
Entra, te dije. Y te quedaste, manso,
loco, genial, gracioso, para siempre.
Perdona, Chico.
Te debo tu poema,
una canción, siquiera de tu propio tamaño.

Se piensa en la alegría,
en la sonrisa abierta para siempre.
Pero han matado a un hombre.
Más sombras en las cárceles.
Y se sigue pensando en la alegría.
Solamente pensando.

Siento dentro de mí demasiadas
letras confusas, mudos alfabetos.

Subir, subir, subir,
verte y no verte
y verte todavía desde mucho más alto.

Aquí el sol... ¡Viva siempre!
Venga a mí, a toda hora,
viejo lagarto atlántico,
esperando volverme
de color verde un día.

Nuevamente me tengo que vestir.
Estoy cansado
de vestirme no sé cuántas veces al día.
Voy a salir desnudo.
Espero que en la calle
me pidan más autógrafos que nunca.

A volar otra vez en la mañana.
Quisiera fuesen mías las alas del aéreo,
volando sin motor por esos aires,
cayendo de improviso en una plaza
de cualquier pueblo y dando

mi recital lo mismo
que si hubiese llegado al aeropuerto
en un vuelo cualquiera.

Escondí las navajas, los cuchillos,
los tenedores e incluso las cucharas.
Tuve miedo a la noche.
Mi hermano era sonámbulo
y alzándose en la sombra atravesaba
los estrechos senderos del jardín,
sacando agua del pozo hasta la madrugada.
Mi hermano ha muerto ya
y puede que una noche se alce dentro de mí
y conduzca mi mano
hacia donde se encuentran las abiertas navajas,
los cuchillos...

Por aquí fue Velázquez tras los perros del rey...
Puede ser que un alano se encontrase un soldado,
un pobre miliciano muerto de aquellos días...

Oscuro era por fuera aquel palacio.
Hoy es blanco por fuera
pero por dentro sigue siendo oscuro.

Agamenón... ¿Por qué este nombre ahora?

Están más altos los árboles
y yo –puede ser– más bajo.

Verdes que yo perdí, pero que ahora encuentro,
con muchos años ya, verdes perdidos.

No te ufanes jamás de estas camisas,
tu cuerpo ya quizá no las merece.

Entre hierros, alambres retorcidos,
vigas rotas, canales destrozadas,
losas dispersas, trajes desgarrados,
se va la tarde dulce y silenciosa.

Sólo una pierna fuera de la sábana.
Pierna arriba, cubierto...
Se siente el respirar. Está oscuro. Pudiera
la mano despertar los rizados cabellos.

Escucho este respiro que me trae
el hálito del mar y la tormenta.

La sonrisa, la luz, el impulso en la calle.
Mas no vuelvas jamás a tus viejas alcobas,
no te encierres en ellas ni siquiera
para dormir.
La calle, por ahora, es tu destino.

Hay que llorar a veces, oh amor, a todas horas.
Oh amor, a todas horas hay que morir a veces.

La traición deliberada, a veces.

Matar, a veces, sin arrepentirse.

Amor, ¿en dónde estás?, grita un zapato azul,
del que huyó un pie,
solo, vacío.

Y siempre este despertar
al alba, mas como siempre,
lejos, muy lejos del mar.

No sé qué barrio, hoy,
me espera en la mañana,
o puede que en la tarde.

Ahora, tu imagen es esa:
un viejo joven y loco
gritando al aire sus versos.

Poeta, da en el clavo.
El clavo es
el que te sientan todos
clavados en el pecho o en la nuca.

Saltarás de la cama dentro de tres minutos
y no sabrás adónde va tu día.

Despierta... Pero despés
cierra los ojos un poco,
metiendo dentro del sueño
lo que acabaste de ver.

Luis Buñuel,
cuando viene a Madrid,
vive siempre en el piso
número 26 de esa pálida torre.
Desde aquí puedo verlo.
Qué bruto y genial es,
lo mismo que aquel viejo inmortal sordo

que se metía en la cama
con la joven duquesa
sin sacarse ni el barro de las botas.
Luis: te irás al infierno, en el que crees,
y ni siquiera Dios tendrá influencia
como para salvarte.

Cuanto gato que veo
me lleva en vuelo a Roma,
a mis viejos tejados
con Garibaldi al fondo.

Horas, días y hasta años
en que quisiera ser
un caballo, una teja,
un cable de la luz,
un anillo pequeño,
una nube, una ola...

Muy pocos de verdad fueron los pasos
que caminé en la vida.
¿Cómo darlos ahora que no queda
tanto camino
como para llenarlo
de los pasos y pasos que no hice?

Sí, ya sé yo que entras ya definitivamente
dentro de mi perdida Arboleda Perdida.

Cierro los ojos.
El sol es verde dentro de mis ojos
y gira, gira y gira,
punto veloz que se me escapa
hacia el sol verdadero cuando abro los ojos.

Allí está lejos, lejos.
Culpa no tiene ella
ni siquiera del nombre que le han puesto.

Se fueron todos, se fueron.
Pero dejaron el agua
que los recuerda, corriendo.

Ayer bebí, bebí, bebí... Quisiera
haber bebido ya desde hace tiempo
todo lo que me quede por beber en la vida.

Nuevamente comienzan
a pasar viejos trenes por mi sueño.

Yo paso de la calle, del gentío,
del aplauso y más vivas alabanzas
a la mayor desolación, al pozo
más hondo de la angustia.

Hoy para mí sería el día de la música.
Quiero decir:
no me alzaré del lecho hasta la noche.

Pero me voy a levantar. ¡Qué sólo,
qué inmensa soledad me espera hoy!

Ayer gocé, gocé hasta el infinito.
Mi imaginación arde más que nunca.
¿En dónde estás? Te toco y no te siento.
Fueras de aire y fueras más tangible.

¿En dónde estoy, en medio de la gente,
o solo, masticando mis quimeras?

¡Je, compañero, je, jee!
Ya no hay toro por el agua,
ni apenas si se le ve.
¡No hay toro por el mar, jeee!

Y sin embargo eres un toro ciego,
dando cornadas y bramando siempre.

Estás en medio de las plazas solo,
en medio de los ruedos inmensos, esperando
morir o que te saquen
en hombros y se pierdan
contigo, allí, donde ya nada existe.

Vuelvo quizá a mis ángeles perdidos,
mis lentas madrugadas, pero ahora
con más almas en pena,
rotas alas,
andamios ya caídos de las estrellas,
paraísos desiertos,
apagados.

Oscilas entre el salto mortal, las velocísimas
exhalaciones. Eres
una piedra que cae hacia un abismo,
una alta luz que de un abismo sube.

Y yo te apuñalé
y te dejé sangrando
tirada en una esquina de la calle.

Y allí estás todavía,
casi sin sangre ya,
pero allí, todavía...

Estudias, sufres, anotas,
te adormeces, te desvelas,
tal vez pienses en mí y pienses
que ya no valgo la pena.

Tanto que soñé contigo,
ciudad, para estar ahora
dentro de ti, deseando
estar lo menos posible.

Cuando en la soledad a veces te masturbas,
no sabes si es el diablo quien te agita la mano,
sonriendo.

Esta noche no hay modo de dormir.
El sueño se ha marchado.
¿En dónde estás? ¿No llegas?
Esta noche, en verdad, te necesito.

Las 4 menos cuarto. Madrugada.
¿Qué harás tú, tan lejana?

¿Y tú, la enloquecida?
¿Y tú, esa que siempre
me desesperas? ¿Y esa
que me matará un día
o hará que yo amanezca
pensando que ya he muerto?
Ésa, la que más amo.

Voy a orinar ahora. En el pis de la noche
cantan a veces sueños retenidos.

Empieza el frío de la madrugada.

Creías que ese cuadro no estaba en ese muro,
que el sitio de aquel mueble
era otro, que tú,
que hasta tú te encontrabas durmiendo en otra parte.

¿De dónde, dime, esa canción lejana,
esa música rota,
esas voces que vienen de no se sabe dónde?

¿Duermen los cuadros? ¿Duermen? Si yo entrara
con sigilo, esta noche, en el museo,
¿dormirás tú, duquesa sin vestido?

¿Y tú, Diana, la del seno al aire,
huirías conmigo a los jardines?

Los versos sueltos de la madrugada.

A estas horas en Roma y al unísono
siempre nos despertábamos cantando
un mirlo y yo.
Cuando ya era la luz él se volaba
del oscuro naranjo del aquel patio,
yo de mis solas sábanas,
para, los dos, perdernos,
cada uno a lo suyo,
dentro, ya, en el día.

Vas al cine y te duermes,
y dentro de tus ojos se quedan los paisajes,
los conflictos de historias que apenas si comprendes,
oscuros que de pronto se iluminan,
un duermevela a veces prodigioso.

Suena el largo rumor de la heladera.
Frías,
estarán las manzanas.
Afuera, qué calor.
Yo me siento nevado en otro sitio.

Retienes en las manos el cuaderno que escribes.
Despiertas. ¿Dónde está?
Alguien te lo ha quitado,
mientras dormías. ¿Quién,
si en la alcoba no hay nadie?

Soy un bestia, de pronto, soy un bestia,
hago cosas horribles, espantosas...

Las 5, ahora. Todos duermen. Sólo
percibo a la distancia, en el sigilo
de lo oscuro, la vuelta de una llave.

Hablamos del carbón, del petróleo, del alma.
Todo está agonizando lentamente.
Mas para el Papa, en cambio,
las llamas del infierno no agonizan,
son imperecederas.

Me duele el corazón esta mañana.

He comprado una bicicleta.
Una cabra de alcoba, fija, estática.

Con ella voy a recorrerme el mundo.
Tiene un cuentakilómetros
y un timbre dulce, breve, que registra
cada uno que pasa.
Ya hice 62.
He llegado a Toledo.

Presiento que se acerca la tormenta.
Miro hacia el horizonte, cada vez más oscuro.

Sé que atraigo las chispas.

Pero sé que no soy un pararrayos.

Espero, temeroso.

Vas a hacer algo que no debes... Piénsalo.

Miro una sola nube que en la tarde
se empieza a deshacer.
Oh, si estuviera fija,
si conservara en la mitad del cielo
esa imprecisa y vaga figura para siempre.

Palomas que en el aire,
aleteando y sin parar, quisieran
amarse locamente.

Miro mi bicicleta tan ausente,
tan saltamonte fijo, silenciosa.
Háblame un poco. Dime algo. Veo
que sólo sabes caminar callada.

Tanta vida agolpada, de pronto, sin saber
cómo puedo yo solo dominarla.

Llamaste misteriosa, arrebolada,
y colgaste el teléfono,
igual de arrebolada, misteriosa...

De pronto crees que besas unos labios...
pero besas el aire.
Corre, vuela a buscarla.

No te quiero llamar. Yo sé que tú no quieres,
aunque yo sé que quieres que te llame.

He hablado... Cuando olvida,
o no está en el infierno
poseída por todas las Erinnias,
oh, qué abrirse las nubes,
qué celestes senderos infinitos
de luz, de paz, de dicha.

Besos que me recuerdan
aquellos en las noches más oscuras
y temerosas de mi adolescencia.

Ya en mi cabra de alcoba
–sumisa bicicleta–,
estoy llegando a Ávila.
(93 kilómetros.)

Llovizna y frío en Zaragoza.
Como el clima, la gente
que siento en el teatro el primer día.
Incluso con llovizna en el aplauso.

Una cara en vinagre
me mira. ¿Quién será?
¿Un gran hijo de puta?

Al fin, en Zaragoza,
desde Jorge Manrique hasta Miguel Hernández,
salimos vencedores.

La gente amanecida, como muerta,
en las salas de espera
de los aeropuertos y estaciones.

Hoy quisiera dormir, dormir y despertarme,
colegial escapado, a la orilla del mar.
Del mar, del mar, sí, sí, pero tan sólo
de aquella mar...

La soledad en medio de la gente,
esperando volar –¡ven tú!– sin nadie.

Estoy en Barcelona. Vine de Zaragoza.
Me iré de Barcelona...
A Madrid. Luego, a Vigo.
A Gerona, después.
¡Dios mío, si sintiera
el brotar de dos alas en mi espalda!...
Me detendría en la copa de los árboles.

Imborrable agonía del placer con quejumbres
y ojos perdidos casi muertos, ojos
resucitados de las lejanías.

Vuelve otra vez y déjame
lleno de ansiosas flores, de anhelantes
hilos de agua de secretas fuentes.
Muero por tierra. Bésame. O ignórame.

Escucho tu lejano fluir, fuente entreabierta,
tu desesperación, delirio y llanto,
tu frenesí, dolor, amor, insultos.
Y luego tu silencio.

¿Qué harás allí, mi amor, dónde estás, dime?
Pendo de ti de un hilo. (El del teléfono.)

Volverla a ver, pero al volver a verla,
ver que ya no la veo.

Amanecí queriéndote y llorando.

Tú seguirás durmiendo,
bella y cansada hasta ese mismo instante
en que hoy para ti comience el día.

No sé por qué de pronto pienso: Argel.
Caí en Orán, la guerra terminada.
1939. Negro.

El turquesado mar de Barcelona.

(PEDRO DE ESPINOSA)

Las 4 barras rojas, ondeantes,
sobre un fondo de antenas penetradas
de imágenes y cantos.

De pronto, un día, a mis plantas,
se abrirá, lento, un hoyo,
que acabará por ser un abismo insondable.

Qué deseos vehementes
de volver a decir Jorge Manrique
en medio de una plaza.

Oh, «La pájara pinta», el guirigay
que nunca terminé,
me está llamando, quiere
gritar, reír, completo,
al fin, el mejor día.

América. Hoy pienso
en sus inmensos ríos,
sus caballos y vacas, levantando
las sonantes espumas,
apareciendo
en los largos bañados,
esperados de pájaros feroces.

Llueve, llueve por fin... Y España arde.

Inquieto y angustiado voy a poner el pie
dentro del primer día del otoño.

Las Furias, sí, las Furias,
las Furias solamente sin las penas.

Mas las penas ahora –ven, muerte–
sin las Furias.

Se llegará al silencio más total con la imagen
de aquel que quiere verse y ya no se ve nada.

Estoy en Santiago de Galicia.
Tengo sueño. El Apóstol
no puede despertarme. Está dormido.
Es el conserje del hotel quien lo hace
por él. Muy buenos días.

Días que ya no monto en bicicleta,
mi antílope de alcoba.
Me he detenido en Ávila.

Me siento un pordiosero
del sol, un pobrecito
de la luz.
Dadme, por caridad, algo que me ilumine
en tan profunda oscuridad y pena.

Vengo de decir versos, poesías,
puede ser que delante de quinientas mil almas.
¿De qué me sirve esto si por dentro
vivo desconcertado, destruido?
Confieso la verdad, por esta tarde.

Sol, no te vayas.
Nube pequeña, quítate.
Ten compasión, dilúyete.

Me dicen que estás mala,
que a ti, aquella,
(*Tú. Yo. Luna. Al estanque.*)
ya te tiemblan las manos,
que no eres... Mas eres,
en ese instante,
para mí todavía:
Nieve sin voz, quizás de ojos azules, lenta y con cabellos.

Me duele el corazón, de cuando en cuando.

No quiero nada ya.
¿Adónde voy?
Y, sin embargo, vas.
Vas, vas. Y vuelves.

Ven a cubrirme el pecho de violetas.
Amortájame bien.
Hoy siento como cuando tenía veinte años.

Suenan disparos sueltos, cañonazos,
que devuelven los ecos olvidados de entonces.

Oigo siempre una radio
pequeña, de bolsillo.

Cuántas veces,
entre anuncios idiotas,
noticiarios, canciones...
me he salvado –¡quién sabe!–
de la muerte.

Quiero dormir y no puedo.
¿Qué será la eternidad?
Noche sin fin... mas sin sueño.

Una noche soñaste
que te iba persiguiendo un toro negro.
Cuando abriste los ojos debajo de la cama,
estabas todavía ensangrentado.

Que aquel jardín cerrado
–lo soñaste–
era todo de cristal de colores.
Cuando hallaste la puerta
ibas herido.

En sueños, tantas veces te han matado.

Mi madre –ya lo dije–
amaba adormilarse

41

bajo un jazminero
y el canto de un mosquito.

No duermo. Y las 5 ya.
Hoy me debiera dormir
cuando debo despertar.

M K J L H X...
Hoy no tengo palabras, sólo letras.

Muchos piensan de ti
–J. R. J.–
que eras un triste grillo desvelado,
un canario de alcoba,
cantándote y mirándote el ombligo
desde el amanecer hsta la noche.

Las Naciones Unidas.
Habla el Papa en inglés,
en francés,
alemán,
italiano,
ruso,
polaco,
chino...
Recomienda la paz...
y en diferentes lenguas es el mismo imposible.

Canción, no me dejes,
y si ella me deja,
cántame, canción,
cántame con ella.

Hubo una vez un lobo
que se puso
una piel de cordero.
Se la puso tan bien que llegó a ser
casi casi un cordero.
Y, sin embargo,
nunca tuvo la gente más miedo a aquel cordero.

Lucha el otoño por entrar, inicia,
dulce y maravilloso, sus primeros
tenues y delicados amarillos.

Volver a ver los cuadros,
los paisajes,
las ninfas de los ríos,
las Venus ascendiendo
de la espuma marina.

Aquí viene muy bien un verso en blanco.

Volvería a mi libre adolescencia
de playas y desnudos en las dunas
y de masturbaciones al unísono
del ondulable semen del mar contra la arena.

Yo vuelvo de la gente,
del gentío,
a las fijas tinieblas solitarias.
Pero de pronto veo una gran vaca roja.

¡Qué tristeza, qué angustia
que hasta lo bello y más maravilloso
me pueda ser de pronto insoportable!

Todos me miran. Y yo miro a todos.
Al fin, no miro a nadie.

Me vine aquí corriendo de mí mismo,
huyendo de mi voz,
de lo que dije,
de lo que sobre todo pude quizá haber dicho.

Tienes sueño. Te duermes
en este Café. Mira.

De una taza vacía
salta un pez. ¡Camarero!
Pagas, luego. Y te vas.

A estas horas
–hace 50 años–
iba con ella al cine.
¿Ella?
Casi, casi se me ha perdido el nombre.
El nombre solamente.

Decir todo y de todo aquí. Confiésate...
o confiesa tal vez que no te atreves
a confesarlo todo.

Estuve en los jardines.
Su presencia de aquellos viejos días
estaba aún allí,
en aquel banco.
«... Pero yo he muerto ya, desconocida.»
Tan sólo tú puedes saber mi nombre.

Las hojas más pequeñas, diminutas,
jugaban con el viento.
Las vi, arremolinadas,
huir ante mí. Eran
las primeras hojillas del otoño.

Por aquellos pinares
ibas tú con tu perro,
soñando en los lagartos.
Rascacielos ahora.
Todavía está el mar.
Y canta menos.

Despiértate. Y exprímete
como un limón.
Que cuando mueras,
puedan tirarte al mar,
sin zumo, seco.

¡Rafael!
Te gritan entre sueños.
Y no puedes saber de qué garganta
ha salido aquel grito.

Quisieras cada día
llenar este cuaderno.
Que creciera y creciera
hasta salirse de sus bordes, agua
corriente de un jardín
por las acequias.

Has pasado de Ávila en bicicleta. Ahora
vas camino de Cuenca o de Ciudad Real.
Pero tendrás que hacer más de 80 kilómetros.

Para que no te dé el cólera,
cuando comas ensalada,
lávala echando en el agua
unas gotas de lejía.
Así dicen. Pero yo
no he comprado la lejía
y puede que me dé el cólera.

¡Qué desconsolación o qué dicha de pronto
el no reconocer a alguien que nos saluda!

Mañana,
pasaré de estar solo a estar delante
de miles de personas que son una,
el mismo rostro,
el mismo sentimiento.

En Cádiz... ¡Oh qué angustia,
qué fijación perenne
desde que abrí los ojos!

Día de lluvia y poca luz. Otoño.
Tal vez, para ser nuevo,
se esté mojando casi
demasiado.

Siempre asombra el otoño más que la primavera.

Automne malade... ¿Enfermo?
No hay estación que muera con más lujo
de colores,
con rostro más cambiante.

Me acuerdo del otoño aquel del bosque,
ahora que allí llegó la primavera,
y oigo un rumor de carros,
con hojas ateridas sumergiéndose
en las bajas neblinas del invierno.

Otoño y lluvia matinal. Las 7.
Oigo hablar del «Guernica», de Picasso,
y un cuadro de Juan Gris.

En las cárceles siguen maltratando a los presos.
¿En dónde no en España?

Tienes azúcar.
Sube así, de pronto.
Tú quisieras venderla.
Mas ¿quién ha de comprarla?

(Con cierto deje becqueriano)

Tú te quisieras ir esta mañana
y, lejos, lejos, como siempre, al mar.
Te estás cansando y mucho de viajar
y de esta vida tan tirana.

Tú piensas que eres libre... y siempre tienes
por algo, triste o no, que obedecer.
¿Sabes ya adónde vas? ¿De dónde vienes?
Tal vez el mar podría responder.

Tal vez nadie me pueda pensar en esta hora
en esta habitación y en este sitio.

Me asomo a la ventana.
Paisaje urbano, impersonal, horrible.
Pero me dicen dicen que luego veré luego...

49

Me agradaría al menos contemplar
al Ángel de Salcillo.

Un periodista –otro, ¿cómo será?– me espera.
Bajo con un visible descontento en la cara.

¿En dónde estáis, amigos, mis amigos?
Ando gritando ¡Libertad!, buscando
soldados voluntarios para la poesía,
formar una legión de cantores que puedan
con su voz derrotar
esas huestes de sombras
que tenemos delante,
devastándolo todo.

Un perro. ¿Era la Muki, furiosa, visionaria?

Mi bicicleta allí, mi cabra estática.
(He llegado hasta el mar
por los aires, volando.)
Sus parados pedales,
sus cuernos retorcidos,
me lo reprochan.

Voy a alzarme de la cama,
de mi cama solitaria,
llena de tantos deseos
como cuando la dejaba
sola y tibia para irme
al colegio, antes del alba.

Una, dos y tres.
Hoy presiento al levantarme
que tendré un día al revés.

No finjas vanguardismo.
Haz solamente aquel de tu pura invención.

Volvió el sol de Levante.
Las adelfas te esperan con el viento.
(Un viento que no hay,
pero que yo me invento.)

Día de playa. Otoño.
Estoy lejos del mar.
Pero me llega
en el triste rumor que alzan las hojas
barridas en el parque.

Fea, horrible la gente,
fea, fea,
burguesía más fea,
aun a pesar de su acicalamiento,
y todavía más fea
bajo el contraste ardido de las hojas
del otoño fantástico.

Mossé Dayan el tuerto.
Cuídate, Israel. ¡Cuídate!
Puede ser tarde.

Ayer me suicidé
y fue en Majadahonda.
Y con una pistola.
(120 pesetas. Buster Keaton.)

Anoche, sin Núria Espert.
Se me marchó a Barcelona
por sorpresa. Lo sentí.
¡Qué malísima persona!

9 de la mañana.
8 grados afuera.
Ha nevado en las cumbres.

En aquella ciudad,
las calles y las plazas se encontraban
llenas de muertos jóvenes dispersos.
Mientras toda la gente
caminaba tranquila,
como si no existiesen,
hasta pisoteándolos.

Sólo ella, delicada y terrible,
iba cargando muertos para sepultarlos,
con su joven amigo,
un extranjero que no sabía quién era
y acabó por amarlo.

Ella, frágil, hermosa y angustiada,
enterraba a esos muertos de las calles,
pensando que entre ellos
encontraría a su hermano.

Ella fue sorprendida
sepultando a esos muertos de las calles,
fue presa y torturada,
salvajemente violada y rota.

Pero ella escapó
y siguió caminando
más espectral y hermosa
y sin su amigo,
buscando siempre entre los muertos de las calles
a aquel hermano suyo
al que soñaba darle sepultura.

¡Oh país, oh país
de los pocos descansos
libres, con sol,
sin tener como fijo
pensamiento diario
el de la muerte!

Niña, hermana mía,
sueña en la dulzura
de ir a vivir juntos,
lejos, allá lejos...

Ch. BAUDELAIRE

Ya se va a terminar este cuaderno,
un fino cuadernillo
de precioso tamaño
–que me halló Beatriz–,
con un dibujo chino en la cubierta.
Casi siempre lo llevo en el bolsillo
y se me va doblando,
arruinando un poco cada día.
Me impacientan
las pocas hojas blancas que aún quedan por llenar.
Cuando lo acabe,
comenzaré otro igual que tengo preparado.

Pero amo mucho este que me acompaña,
que va por tierra y aire,
que lo veo al alcance
de mi mano en la noche,
disminuyendo ya,
como esos cuadernillos de papel transparente
para liar tabaco,
que terminan al fin en fino humo,
aroma,
sueño diluido.

Llegué allí, sin aviso,
y yo no te encontré.
Sólo una foto
de cómo eras entonces.
Salí y me fui contigo
por los mismos lugares de aquel tiempo,
en la memoria aquella fija imagen
de cómo eras entonces.

Para volar me faltan
menos de 30 horas.
Pasaré el océano sin escalas.
De aquel país recuerdo
los lujosos colores de sus árboles,
una desordenada ciudad de enormes ricos,

y allá arriba, en lo alto,
un mísero turbante de casas piojosas.
Allí vuelvo.

He vuelto, he vuelto ya, sin haber ido.

No se oye nada ahora.
Es el instante
de elegir la postura del silencio
y esperar lo que dice.

Las maletas se van antes que uno,
manejadas por manos
torpes o violentas.
Tú piensas que ellas saben
adónde van. Mas pueden
perderse para siempre o terminar
en el lado contrario.

Estoy aquí en medio del océano
y viendo una película.
Estoy entre los peces y los ángeles,
quiero decir, aquí, lleno de angustia.

Me pareció ver una niña sola
volando entre las nubes.

No veo casi nada,
sólo escucho
este rumor sin fin de los motores
y el mar abajo azul,
ausente, inmóvil, como sin saber
que puede abrirse,
garganta silenciosa,
cerrándose tranquila, indiferente,
sobre mi cuerpo,
al viento descendido.

Sabes que cuando iba
a embarcar por los cielos,
encima del océano,
perdí mi anillo gris,
se me escapó del dedo
en medio de la selva confusa de mi cuarto.
No me hubiera embarcado,
suprimiendo el viaje. Mas, de pronto,
mi anillo apareció.
Y ahora que por aquí voy.

Segundo cuaderno chino

Nuevamente desnudas tus 50 hojas,
tus 100 mínimas páginas,
dulces, blancas,
que las repaso al aire como pétalos
de una flor delicada
que tengo que escribir.

Oh, sin querer,
casi dormido,
he llenado tu rostro de lunares.
La aguja de la pluma,
ha sido ella
quien te los ha pintado.

Te inaugura una música.
No sé bien de quién es.
Voy a apagar la luz.
Resbalará mezclada con mi sueño.

Despierto, y los lunares
los convierto en estrellas
y en un cometa negro,
errante, misterioso
por el espacio blanco.

Amanece.
Es la voz espantosa
de un cura zafio y bujarrón que dice:
–Buenos días nos dé Dios.

Han matado. Han matado. Han matado.
La muerte está mandando en todas partes.

Buenos días nos dé Dios.

Primavera de lluvias y chubascos,
de sol, de desganado sol y verdes
nacidos sollozantes.

Mi primer verso es para ti.
Yo sé que estás durmiendo,
que tu día
será de angustias,
de desasosegado pensar en mí,
en ti,
en nuestro rumbo
sobre un mar, casi siempre
de tormentas.

Pero si viene el alba...
¡Oh si viniera!

Me llaman de Granada.
Ahora me llaman de Granada.
Ahora yo debo ir a Granada.
No sé si quiero ir a Granada.
¡Oh si yo hubiera ido aquellos años...!
¡Qué dolor y qué pena ir ahora a Granada!

Te moriste allá lejos, allá muy lejos.
Cuando en tu tierra visité tu casa,
pensé que hizo muy bien la muerte
en que murieras
allá lejos, muy lejos.

Cabeceo de sueños no cumplidos,
dejada la cabeza al sol sobre el alféizar
alto de la ventana.
Dentro,
en un ángulo oscuro,
olvidada desde hace mucho tiempo,
yace mi bicicleta silenciosa.

No me has llamado.
Mi tarde será inmóvil

y mi noche una cuesta descendiendo
sin poder detenerme.

A ella la habían matado
de improviso,
en el filo de un puente,
cuando iba,
joven y alborozada,
a unirse aquella tarde
a una abierta marea de muchachos
que pedían al unísono gritando
trabajo y libertad.
Hace tres años ya que la mataron
al filo de aquel puente.
Esta tarde,
ya apagándose el sol en los cristales
de las ventanas últimas,
tiernas banderas rojas, entre ramos de flores,
van marchando hacia el filo de aquel puente
en donde la mataron.

A la sombra delgada, pero fresca,
de una palmera inmóvil del jardín,
casi siempre sin nadie,
de este viejo museo de mi barrio,
cerrado hace tres años,
solitarios salones silenciosos,
paredes agobiadas de pequeños maestros,

cuadros que yo amo tanto,
escenas familiares, comedores,
fiestas campestres, mínimas
parejas patinando,
barcos en el crepúsculo,
poesía callada de pintores
de los que nadie habla...
¡Ah! Yo me paseo ahora, sin moverme
de este quieto jardín,
único espectador de tanta vida
que fue y espera siempre
–quizá tal vez o no–
mi tranquila mirada.

He venido a mirarte esta mañana,
oh bella Galatea Farnesina,
fuego del horno que la Fornarina
encandiló para la grey romana.
De ti una *trattoria* hoy se ufana
tanto, que como tú se denomina.
Pero yo vengo a verte conductora
de los claveles que tronchó la aurora.

Roma, de lejos, crece.
Vuelvo triste de Roma.
¡Ay Roma, Roma, Roma!
¿Quién sin ti permanece?

Todo el cielo es mi casa. Mis vestidos,
mis huidizos juguetes son las nubes,
y allá abajo, en lo hondo,
como en un agujero,
yo no sé si es el mar
o solamente el aire.

Maravilla volar, volar sin ver adónde.
Ojalá que esta tarde no llegara
a parte alguna,
no aterrizara nunca, no volviera
a dónde me subí a lo alto del cielo
para volar, volar,
siempre volar, volar
sin riesgo posible.

¡Qué dédalo sin fin!
No sabes, no, no sabes
cómo salir de él,
porque quizá te guste,
y ese último enredo de tu vida
es tu vida.

Un espacio sin fin.
No se sabe si el cielo
o si un prado tranquilo suspendido en el aire.

Alto el Tallo de Jade se despierta y a oscuras
centellea buscando la Fosa del Cinabrio.

Está la flor cerrada
en el jardín oscuro que conduce
a la Cámara Roja.

Se equivocó la paloma.
Ojalá se equivocara
y en vez de ir a dar al sur
fuera a parar a tu casa.

Dejé mi bicicleta detenida
en los 150 kilómetros. Yo sé
que me ha de esperar hasta mi vuelta,
que no tendrá la idea,
peligrosa y absurda,
de correr, sin mí, sola.

Un público impasible
que no acusa señales
de que tú lo traspases con tu canto.
Y la alta mar desciende
y baja la marea,

mostrando tanta playa,
seca la arena, muda.

Viajar solo, no más. ¡Qué oscuro estoy!
Nunca amanece, empujo
con desesperación a la noche parada,
inmóvil como un mulo
que no quiere arrancar hacia la luna.

Ciudad horrible del capitalismo,
la más desordenada,
provocativa, bestia.
Reina prostituida, tumbada abajo, impúdica,
como tocada arriba la cabeza
de un turbante de montes carcomidos,
de casas miserables roídas de piojos.

Entrevista. Comida. Entrevista. Comida.
Televisión. Comida. Entrevista. Comida.
Recital. Entrevista. Comida. Recital.
Televisión. Comida. Recital. Entrevista.
Sueño. Sueño. Entrevista. Sueño. Sueño.

Las nubes, sí, las más maravillosas
nubes que he visto.
Mas yo las atravieso

metido en este ángel rumoroso
que me borra sus formas
y me hace verlas dentro,
iluminado humo trasparente.

Unas palmas y cocos frente al mar
es hoy mi amanecer.

Estas serían para mí tus playas.
Te recibiría el mar,
el sol de las arenas se abriría
feliz de ser el sol para abrazarte.
Rebosarás el mar de tu belleza,
invadiendo los límites antiguos
de sus orillas,
entrándote,
expandiéndote toda, tú ya el mar, por la tierra.

El viento se pasea por dentro del hotel.
Puede entrar en el bar y pedir un refresco
de piña o de naranja
... y hasta puede marcharse
sin abonar la cuenta.

El mar aquí, delante de mí, casi lo toco,
con su lengua sin fin,
hoy silenciosa y plana,

superficie total,
suavemente rosada
en el descenso de la tarde.

Tantos pequeños aeródromos,
casi solitarios,
con tanto cielo encima.
Yo escapo hacia lo alto.
Las nubes. ¡Oh las nubes!
Abajo, el mar, el mar desvanecido.

Has hecho algo, algo
que no está bien, y el sueño
no te pesa en los ojos,
sí una piedra,
como en mitad del pecho,
oscura y grande.

Tú no viste la guerra,
aquella hermosa y simple que tenía
rostro de miliciano.
Nunca te has asustado de las balas,
porque no las oíste.
Pero ahora que escuchas
este largo recreo de ametralladoras
en recuerdo del héroe asesinado,
te inquietas, Núria, y piensas
que no puedes huir,

que ha comenzado
algo que no conoces.

De la ciudad aquella quedan únicamente
claros, claros y claros,
que algún día
tal vez serán jardines.

Pero la gente huye, huye buscando algo
en dirección del sol.

Los pobres piensan en sus muertos,
en sus asesinados.
Ésos no volverán.
Pero por ellos –¡ay, sólo por ellos!–
hay un plato en la mesa
y unas frutas que cantan.

Lo trajeron de allá de sus montañas,
de la sierra en donde había nacido.
Ahora reposa bajo un monumento
dentro de la ciudad.
Pero él sigue soñando en sus montañas.

Yo sé que esta mañana, cuando abras
el balcón de tu cuarto,

verás el Momotombo y dirás, acordándote
de aquel Rubén Darío
de tu lírica infancia:
«¡Oh Momotombo ronco y sonoro! Te amo
porque a tu evocación vienen a mí otra vez,
obedeciendo a un íntimo reclamo,
perfumes de mi infancia, brisas de mi niñez.»

Hoy todo lo que escribo es para ti
y no hace falta
que yo ponga tu nombre:
si digo cielo,
rosa,
tierra,
Revolución,
aire, mar, poesía...
es que te estoy nombrando.

Sé que me esperas.
¡Hola! Buenos días.
O acaso es Buenas noches.
Vengo a verte.
¿Estás? ¿O no estás? ¡Di!
Pienso que estás.
Te veo.
No te encuentro.
¡Hola!
¿Es hora de tomar La Reina de los Prados?

¿No orinaste esta noche?
Vengo,
después de tanto tiempo,
a reírme contigo.

Vive Lino el del pedo. No se ha muerto.
Somos dos tarambanas,
dice Pablo Picasso.

Picasso está sentado frente a mí y sin hablarme
me da a entender tranquilo:
Me faltan pocos meses para cumplir 100 años.

Se siente que en la noche,
asesinatos de gobernadores,
guardias civiles,
secuestros de ministros,
huelgas,
amnistiados y vueltos a prender,
torturas,
órdenes apremiantes de extradiciones,
comunicados, amenazas, anónimos,
asaltos a los bancos...
lentamente, hacia España,
va avanzando el «Guernica».

Al llegar –Inglaterra– nuevamente,
me acordé de aquel Bar del aeropuerto,
que Bergamín llamó
«Bar de concentración»,
en donde nos metieron
–policía tan galante como bruta–
sin habernos dejado entrar en Londres,
para echarnos al alba
por donde cada cual había venido.

Seria la gente y seca como palos.

Cielo gris. Gente gris. Un gris monótono.
Todo con poca gracia.
Gris infinito en donde sólo brilla,
reposada, la «Venus del espejo».

Diego Velázquez manda como nadie
en la National Gallery.

Un sol velado y roto el cielo. Turner.

Los asirios cazaban sus leones.
Y todo era león: la tierra, el aire,
la luz, los ríos.

Carga Asurbanipal con sus guerreros.
Un temblor de leones.

Ha muerto Eduardo Blanco Amor.
Lo he sabido
en medio de la lluvia de una calle de Londres.

No vi Londres. Vi poco. Casi nada.
Mas nunca olvidaré
los Riverside Studios.

Pensé en «Les amours jaunes».
Tristan Corbière me hablaba diluido
en las nieblas bretonas.

(¿Qué hará mi bicicleta
tanto tiempo parados sus pedales?)

París, París, París y llueve y llueve
y yo no estoy, no estoy, no estoy, no estoy...

Baudelaire solo, arrebujado y triste,
casi como en olvido,
saliéndose del cuadro de Corbière.

Kilómetros del Louvre hoy, ahora,
más de 40 años desde entonces,
carreteras sin fin de cuadros que pasaran
vacíos ante mí,
sin nombres,
sólo cuadros...

Y lo peor es que no tienes nada
peor que lo peor.

Krys. Krys.
Unger. Personen.
Optique. Paris. Central.
Ya se fue Apollinaire.
Picasso ya no está.
Pero por 9 francos todos lo pueden ver.

Llueve en mi corazón
igual que en la ciudad.
¿Por qué tanta tristeza
llueve en mi corazón?

Si yo, de pronto, me quedara aquí,
en medio de esta gente,

en este clima,
poco a poco me iría volviendo azul,
ola, espuma salada,
cal ardiente,
perfil,
cielo tajante,
pero si así no fuera...
Hay misteriosos desaparecidos.

Se hace pronto aquí de noche...
Allá, a estas horas,
todavía la luz está pensando
darse un largo paseo.

No puedo esperar más.
La lluvia ha entrado dentro del Café.
Se ha sentado a mi mesa
para secarse un poco
y pedirme el paraguas
lanzándose a la calle nuevamente
a librarse en la tarde de la lluvia.

No sé qué hacer.
Supongo que no ha muerto,
que no la habrán raptado.
Harto estoy de esperar.
Nunca la angustia

ha podido llegar a sumergirme,
a despreciarme tanto.
Sigue lloviendo y ya me encuentro a punto
de salir a gritar en medio de las calles:
¿Han visto a una corzuela
corriendo entre la lluvia?

¡Qué maravilla es volar!
No tengo miedo a las nubes
ni de que me mire el mar
desde abajo, ni tampoco
de que se pueda acabar
en cualquier momento el cielo
sin que nadie
me pueda nunca encontrar.

No es verdad. No es verdad.
Así no fue mi vida.
Y oyes que sí, que sí,
hasta más que morirte.
Tú nunca fuiste ese,
ese que tú pregonas.
Tú viviste tu tiempo
y arrastras sus terrores, sus miserias,
y esa luz revolcada entre terribles vómitos
de esperanzas y llantos.

Temo a la noche,
al sueño que no viene,
a los ojos cerrados
abiertos contra el techo,
temo a las horas
que resbalan mudas,
a los amaneceres
atónitos sin nadie.

Se llega a Barcelona y ya las Ramblas
son las mejores vías de comunicación
para encender de nuevo el optimismo.

Me enredé tanto en mi siglo.
¿Quién me desenredará?
Si algún desenredador
quisiera desenredarme,
qué buen desenredador
será.

Era el Árbol de Noel,
arrancado de los bosques,
en medio de la ciudad,
apagado por el día,
encendido por la noche,
y dentro de una semana
seco y muerto para siempre.

Roma en el cine... ¡Oh!
Cuánta nostalgia
de gatos muertos,
ratas sigilosas
que atraviesan las calles...
Las basuras, los gritos,
el temblor de los pinos
arriba
y las penumbras
de una mujer que espera
pase uno y la lleve.

Chejov. «Las tres hermanas.»
Cuánta congoja y llanto,
cuánta melancolía de vidas sin objeto,
lejanas, desoladas,
iguales, todavía
aquí en España,
oscuras, sin remedio.

Pocas veces lo vi.
Allá, cuando la guerra, el 36,
por los frentes, Madrid,
y por las redacciones,
siempre noticia viva, palpitante.

Apenas me he asomado a sus novelas,
era mejor la voz de lo que acontecía.
Ahora es su muerte quien avisa y pone
un telegrama en todos los diarios,
buen Jesús Izcaray, lejano amigo, camarada.

Nuevamente,
Barcelona-Madrid en avión.
Conmoción en el aire.
Un gran hoyo imprevisto.
Una vislumbre súbita
–lejos ya– de la muerte.

¿Por qué has hecho eso, eso?
Has creado sin querer
–aunque fue un poco queriendo–
algo que ya no será
lo que antes fue.

Andalucía,
buscan apretarte la garganta. Quisieran
verte ahogada, asfixiada,
ya perdida,
muerta en medio del mar
y en medio de los campos.

Angustia de sentirte
avanzar lenta, el aliento
jadeante,
cosida de balazos,
cayendo aquí y allá,
buscando siempre alzarte,
segura y libre para siempre.

La poesía es no estar sentado,
es no querer morirse, apasionadamente,
es entrar en el alba a cuerpo limpio
en las ondas del día,
es no dormir y ser
el alba antes del alba.

La poesía es oír la radio
y estar atento a lo que traen las ondas,
es leer los periódicos odiando a las agencias,
y comprender que el día se ha llenado de sangre.

La poesía es no esperar aquello
que estamos esperando,
es arrojo, anticipo,
es ceguera de bala que va directa al blanco.

La poesía es...
Ahora voy a dormir.
Lo iré diciendo luego.

La luna tiene halo.
Son las 6.
Estamos todavía en mitad del invierno.
Hacia las 7 –sé– te pondrás en camino.
Pero yo estoy aquí
y tú vas a otra parte.

Me están llamando ya de Andalucía.

Me espera Andalucía, ahora, y siempre.
Yo sé que está la Alhambra,
que allí está la Mezquita,
que el Guadalquivir corre bajo puentes romanos,
que colgada del aire reluce mi bahía,
pero que el hambre no la quita la belleza,
que no hay bellos palacios,
torres gallardas, calles
rutilantes al sol que la mitiguen.

24 febrero, 1980

Por la Puerta de Elvira
entré hoy en Granada.

Dije: Entraré, hace años.
Y entré hoy en Granada.
En la Puerta de Elvira,
¡cuánta gente que me esperaba!
El alcalde me dio
la llave de Granada.
La llave de la ciudad
para que entrara.
Y entré al fin en Granada.
Fue un día 24
de febrero mi entrada.

Vi la mar andaluza,
la mar mediterránea.
Tuve un día de angustia
y, como siempre, de esperanza.

Le diré a la mar el mar.
Bella muchacha o muchacho.
Es igual.

Ya tan sólo te faltan diez minutos,
ya tan sólo te faltan...

                    Después, Andalucía,
vendrán otras puñaladas.
Pero dalas tú primero.
Dalas.

Te vengo recorriendo,
ciego, loco relámpago,
en medio de las ramas
firmes de tus olivos,
bordeando tu mar
suspendido en el aire,
sintiendo
que por mis plantas suben tus raíces,
prendiendo y abrazando
mi corazón, mi sangre,
hasta ser yo tu voz
y tú la mía.

A veces,
cada vez que me siento,
el poema se va.
Le han salido los pies y sin mirarme
se ha marchado, tranquilo.

La cal, la cal, la cal...
¡Oh, la cal siempre!

Te caerán encima alguna vez
tantos cubos de cal,
que te quedarás dentro

helado, rígido,
esperando que alguien te abra y con el molde
que dejará tu cuerpo
reproduzca tu imagen,
bien de hojas, de aire,
de mar, de fuego, humo...

Tan sólo allí,
allí donde la cal se ha convertido en casas,
en áreas perspectivas traslúcidas,
en sueño.

Sí, sí, dentro de poco,
cal, infinita cal, viejo mar mío,
me tendrás dentro al fin,
blanco y azul,
mi mar, mi cal, mis solos
claros progenitores.

Te lamo, blanca y tibia
cal de los muros andaluces. Eres
el alimento duro de mis huesos,
la savia de mi voz,
la quejumbre o el grito de mi canto.

Si te vuelves loco,
restriégate un puño
de cal en los ojos.
Si te quedas ciego,
la cal, aun a oscuras,
arderá en tu sueño.

Cerré los ojos. Dormí.
Olvera anduvo en mi sueño.
Cal más viva nunca vi.

Qué largos remordimientos
el correr de las horas finales de la vida,
vacías, sin provecho.

En Vejer de la Frontera
vi una tapada, más negra
que el negro contra la cal.
Era una turista inglesa.
Ni siquiera de Inglaterra.
De Gibraltar.

Afuera,
sigue el mundo agitándose, invadiéndonos,
prendiéndonos la vida, amenazándonos
con desaparecer en un segundo.

(He leído la prensa, escuchado la radio,
y como siempre.)

Yo hablo dormido y hablo
con los ojos abiertos
y hablo con coherencia hasta que en un instante
digo, tal vez, Pekín o algo
que me descubre
que estoy hablando dormido.

Andalucía en medio de la niebla,
aquí, lejos, muy lejos,
la bahía de Cádiz con sus pueblos marinos
–la base militar de Rota, ¡ay!–,
desvelados, insomnes,
para su destrucción.

Tal vez la cal no duerma más pensando
en sus últimos días.

Los vinos y las olas se mezclarán
y alzándose
en una tromba, al cielo,
no volverán jamás a la tierra vacía.

Olivares, olivar.
Dicen que os van a matar.
¿Qué será de Andalucía,
sin olivos, olivar,
sin esa gente que va
a coger tus aceitunas,
antes del alba, olivar?
Olivares, olivar.
Dicen que os van a arrancar.

Llueve en el tren.
La lluvia es viajera.
Va viajando en los cristales, sola.
De pronto, sale el sol.
Y la lluvia desciende en cualquier pueblo.

I profumi di venere

A Edilo Masci

Aquí el más delicado
creador de perfumes para Venus.
Tenéis dónde escoger.
Dominan los colores más suaves,
entre un gris de nostalgia
de mar, de sueño, de poesía.

Las transformaciones del erizo

Él espina, él espinaba.
Él soñaba.

Él se abría, él se cerraba.
Él soñaba.

Él soñaba que era ella.
Él soñaba.

Ella soñaba que él.
Él soñaba.

Que era mujer y caballo.
Él soñaba.

Que él era gallo y mujer.
Él soñaba.

Que era clavel y era toro.
Él soñaba.

Cuando al alba despertó,
él dio a luz la luz del alba.

Mañana me marcharé.
¿Adónde vas? Yo no voy,
yo me quedo, sin volver.

No viene el sueño, España.
¡Cuántas veces, oh sueño, cuántas veces,
he de escribir, no viene,
no viene, España,
el sueño!

Era andaluz Picasso. ¡Y sí lo era!
¿En dónde estás ahora?
Esta tarde te busco, aquí, escondido
en este cuarto de Madrid...
¡Qué felices que fuimos
aquellas tardes,
allí, en Mougins, riéndonos, hablando
de tantos disparates andaluces,
hasta llegar a ser dos disparates!

Tú fuiste, tú –B. K.–, el ángel mudo,
el silencioso,
de ojos vacunos, tristes,
de mis años aquellos...
Te buscaba en las tardes,
en esas horas
de goce juvenil en las penumbras
de los cines de barrio...
Esta noche te he visto,
callado, melancólico, impasible,

ángel mío de entonces, tan distante,
pero tan puro y grácil, tan sonámbulo,
tan bello, sí, tan solo, como siempre.

Te agitas, vas y vienes
–siempre B. K.–,
te inventas lo imposible en cuatro metros,
las tragedias, los dramas
más hondos o infantiles...
Tus ojos quedarán en este siglo,
fijos, lentos, lejanos,
ángel audaz, intrépido y tan tonto.

Ya estás muerto, estás muerto,
me dicen cada día.
Y puede ser verdad
y también puede
ser verdad que mi mano
helada y conducida por la muerte
siga escribiendo, sola.

(Nueva York. Wall Street)

De nuevo aquí, después de tanta sangre,
de tantos y de tantos más millones de muertos,
central del fuego, fragua impávida y terrible
y hasta bella y callada vista desde la altura.

Llegar hasta ti hoy como un simple viajero,
incólume y salvado de la mundial matanza,
una página en blanco, una virgen memoria
nacida una mañana posterior al olvido.

Quiero andar por tus calles de bancos y oficinas,
un vulgar transeúnte ignorante de todo,
salir de ti, dejarte como si no te he visto,
o como si te vi y no supe quién eras.

(Nueva York)

Por aquí Federico
denunció el repetido
cansancio de tus oficinas,
al triste rey de Harlem
vestido de portero,
aquí sufrió el delirio
de tu poblada soledad terrible,
lejos de su Granada.

Se me parece la Alhambra
con sus jardines, y el agua
fija, quieta o resbalada
de las fuentes, la alta gracia
del surtidor... y las lágrimas.

95

(N. Y.)

Millones y millones
de ventanas cerradas,
de levantados edificios ciegos,
sin que nadie se asome
para saber que el aire los rodea,
que hay un cielo de nubes viajando,
de sol, de noche,
con luna, con estrellas,
de tierra abajo con dolor,
de sueño.

(N. Y.)

Sentados,
blancos y negros, juntos en los parques,
como si nada sucediese, como
si no se odiaran hasta los cuchillos.

(N. Y.)

Aquí no baja el viento,
se queda aquí en las torres,
en las largas alturas,
que un día caerán,
batidas, arrasadas de su propia ufanía.

Desplómate, ciudad, de hombros terribles,
cae desde ti misma.
Qué balumba
de ventanas cerradas,
de cristales, de plásticos,
de vencidas, dobladas estructuras.
Entonces entrará,
podrá bajar el viento
hasta el nivel del fondo
y desde entonces ya no existirá
más arriba ni abajo.

(N. Y.)

Día en blanco, es decir,
que se ha muerto sin vida de su muerte.

(N. Y.)

Le arrancó el policía
–era a un muchacho negro–
la pequeña botella de pobre naranjada
que sorbía en el metro.
Con un seco codazo, golpeó, sin moverse,
el cristal de la puerta en que estaba apoyado.
Luego, ufano, tranquilo,
se pasó a otro vagón,
quedando en el cristal,

como una abierta araña furibunda,
su juvenil protesta.

(N. Y.)

Estoy solo, sumergido,
bajo un inmenso océano
de ventanas.
No entiendo lo que me dicen,
sé menos adónde voy.
Tengo frío,
y es mayo, es la primavera.
Me parece que he perdido
todo
y he de comenzar de nuevo
en medio de una ciudad
que ignoro completamente.

(N. Y.)

Vas solo entre las nubes
altas, altas, muy altas
de los cielos más altos,
y aunque hasta ahora
no has encontrado,
no has visto ningún ángel,
una música larga,
una indecible melodía,

te lleva adormecido
no sabes hacia dónde.

(N. Y.)

De todos modos voy,
indiferente a veces, por tus largos
tubos de sombra,
tus frías hondonadas de avenidas
con los ojos al cielo acribillado
de ventanas cegadas,
sin nadie que las mire.

(N. Y.)

Miro desde la altura,
desde esta inmensa altura.
Hormigas allí abajo.
Ciegas hormigas tristes,
allí abajo.

(N. Y.)

De pronto encontré Toledo.
No recordaba que aquí
estaba Toledo, una
extraña radiografía

de la ciudad, bajo un cielo,
un pulmón en claroscuro
de tormenta,
algo insomne, fascinante,
visto por una sonámbula
pupila del más allá.

(N. Y.)

Éste es un gran inquisidor. Me mira
a más de cuatro siglos de distancia.
Por la noche me siento
quemado por sus ojos
que me traje adheridos
a mi espalda.

(N. Y.)

Se va acercando el día de todos sus desastres.
No se escucha ni un pájaro y ya es la madrugada.
Cuando saltes del lecho ya empezará maduro
para ser el asalto
de todas las más viles y tristes agresiones.

Desde sobre los ángeles un día
sin luz caí en Los Ángeles. No estaba
ya Buster Keaton, ni su vaca araba
muda en sus ojos la melancolía.

Ascendí de Los Ángeles, subía
más sin luz que bajé, pues no alumbraba
aquella edad de oro que endiosaba
la juventud en que mi sangre ardía.

Voy por el aire ahora, por el cielo
más alto cada vez, con el anhelo
de al fin sobre los ángeles hallarte,

perdida edad que ya mi edad no espera
hallarla aquí en la tierra como era
ni allá tampoco ni en ninguna parte.

(Museo del Prado)

Aquí, como los toros, tal vez a morir vienes
a la bella querencia de los cuadros antiguos,
en el descenso lento de la tarde,
cuando el museo va a quedarse solo
y tú vas a fijar dentro de tu mirada
las vívidas figuras que más te acompañaron,
inmortales de nuevo
para los nuevos ojos que las sigan mirando.
Tú, no, tú ya declinas,
te doblas dulcemente, tranquilo, atravesado
como por una espada sin rencor,
mientras oyes la música callada, silenciosa,
el adiós, el aplauso

de todas las escenas, retratos y paisajes
de los cuadros que tanto te quisieron
y de cerca o distantes siempre te acompañaron.

Sueño con una quimera
que se me fue por el mar
y nunca supe quién era.
Adiós, quimera del alma,
quimera, sólo quimera.

Algunos se complacen en decirme:
Estás viejo, te duermes,
de pronto, en cualquier parte.
Llevas raras camisas,
cabellos y chaquetas estentóreos.
Pero yo les respondo
como el viejo poeta Anacreonte
lo hubiera hecho hoy:
–Sí, sí, pero mis cientos de viajes por el aire,
mi presencia feliz, tenaz, arrebatada
delante de mi pueblo,
mi voz viva con eco
capaz de alzar el mar a cimas de oleaje,
y las bellas muchachas y los valientes jóvenes
que me bailan en corro
y el siempre sostenido, ciego amor,
más allá de la muerte...

Ya la luna se va, pequeña, sola, triste,
entre los nísperos.

No duermas nada hoy. El mar vigila.
Está lejos, callado.
Tú no lo ves. Pero siempre te acecha.

Ya no puedo escribir.
Y ando perdido,
inventándote cartas y poemas
que no te escribo.

A este otoño que llega, que ya comienza a irse,
aún no le he dicho nada.

No mires el reloj.
Óyelo siempre
como una inexorable batuta directora
del soplo de la música resbalada del tiempo.

Sólo dibujas gallos y palomas,
a veces el desnudo de una fina muchacha,
un caracol perdido,
un airoso torero,

alguna bailarina,
un barquito de vela
y cuatro peces...
Son tus firmas, tus firmas que repites
al infinito.
Algún día,
tu mano en esqueleto
seguirá así firmando,
quizá bajo la tierra
(si es que estás en la tierra).

Versos secretos, secretos,
que nadie ha de conocer.
Pulsos de mi corazón,
latidos de ritmo roto.

Vuelas y vuelas siempre.
Un ala llevas rota.
Vuelas alicortado.
Nadie te curará cuando desciendas.
Volar, volar, volar será tu alivio.

Antes yo miraba el aire
desde el mar.
Era un marinero en tierra
que no podía volar.
Ahora desde el aire miro

el mar.
Soy marinero en el aire
que del aire mira el mar.

Adiós.
Deja tus aparentes, públicas claridades.
Vuelve solo a tus antros,
bajos, lentos, infiernos.

Yo era un lagarto verde
extático ante el sol de las arenas,
cerca del mar, vecino a los pinares.
Salía con mi perro a la hora de la siesta.
La luz era una llaga supurante.

Husmeaba mi perro, sediento, achicharrado.
De pronto se paró, contemplándome, fijo,
fuera de sí los ojos.
Me sentí sus colmillos en mi cuello.
No vi más que un segundo mi sangre en las arenas.
... Yo fui un lagarto verde.

(A un duende llamado Jaumet)

¿Quién será, quién no será?
Apenas si se le ve.

Corre aquí, se esconde allá,
precioso,
maravilloso,
en donde quiera que esté.
Duendecillo que te asalta,
volando,
diablo cayendo, bajando,
desde la rama más alta.
Que parece,
de tanto volar, que crece.
Mas si lo vas a coger,
rubio rayo, luz alada,
aire, gracia disparada,
se escapa y desaparece
en la nada.

Adieu, chimères, idéals, erreurs?
RIMBAUD

Adiós, quimeras, ideales, errores.
Adiós, sueños, que acabasteis en nada.
Veo una playa sola y una barca que vuelve
sin nunca haber partido.

Adiós, quimeras, ideales, errores.
Ya nací junto al mar que me alzó en cada ola
el anhelo sin fin de tantos ideales.
Veo una mar desierta, un cielo solo,
de igual color, sin luz los dos, ni sombra.

Adiós, quimeras, ideales, errores.
Nada era equivocado, parecía
todo claro y posible de llegar a la meta.
Veo surcos deshechos, trastocados caminos,
verdades acabadas, disfrazados errores.

Adiós, quimeras, ideales, errores.

Versos que no verán nunca la luz,
que en la luz nunca han de alumbrar,
ni en la tierra y el aire ni en el mar.
Versos pájaros, flores, versos peces,
versos del corazón, desesperados,
versos besos, caricias, encerrados.
Versos que nunca ya podrán salir,
versos del alma, oscuros, ya malditos,
porque nunca jamás serán ya escritos.

Descendería
de lo más alto del azul
a las llanuras blandas de las nubes,
de blanquísimos surcos ondulados que abren
ángeles indivisibles, cantores que conducen
alados bueyes que no alcanzan nunca
el sinfín de horizontes diluidos.

Entre los montes de nubes,
caminos abren las nubes
que no se sabe si van
a dar a valles secretos,
por los que no sé si nunca
he de volar.

Voy flechado hacia el sol.
Ícaro pretencioso sin edad,
con las alas prestadas.
Descenderé a la tierra,
invictos los caballos
y en mi ardorosa sangre
la inmortal juventud apetecida.

Danubio, río divino...
Voy poniendo mi nombre desde el aire
sobre el de Garcilaso de la Vega.

Marinero, busco el mar
desde el aire y no lo veo.
Sé que debajo está el mar
y sé que encima está el cielo.
Voy entre el cielo y el mar.
Mas yo voy buscando el mar
y no lo veo.

Yo ya no busco la tierra.
La esquivo. La estoy esquivando.
¿Qué me pasa a mí que hoy
la esquivo, la estoy huyendo?

Dije de todo al mar.
Lo llamé bruto y tonto tantas veces.
Ahora estoy ante él, en esta tarde,
y es él quien desganado me repite:
Más bruto tú y más tonto, tantas veces.

Se cierran los hibiscus al momento,
que el mar desvanecido se dispone a cerrarse
en la caja estrellada de la noche.

Se va –lo digo– mi siglo.
Con cuánta sangre y lágrimas
se le siente bajar camino de ese año
en que el 2 dirá al 1:
Ahora comienzo yo. Tú ya te has muerto.

Me asomo a los balcones. Desde cualquier balcón,
aunque el mar no me vea,
yo siempre veo el mar.

Hoy llego a este balcón
en la tarde de flores y pájaros cerrándose,
y aunque el mar tan lejano no me vea,
estoy mirando el mar.

No te inmutes, ciprés, crece tranquilo
esperando llegar a las estrellas.

Todos duermen. Yo velo.
Velo tanto en la vida, que el velar es mi sueño.

Viejo amigo del sol, voy por la sombra,
buscando siempre al sol, que se me escapa,
«¡Para y óyeme, oh sol!» –dijo el poeta–.
Y de puro atrevido fue muerto por la sombra.

(Alegría y fuga de la Tiri)

Aquí está.
No está.
Encima del agua.
Debajo del agua,
vilano del mar.
Si vas a prenderla,
no la prenderás,
vilano del aire,

que viene,
que va,
encima del agua,
debajo del agua,
vilano del mar.

Para Oliva y José Monleón,
desde su balcón al Guadarrama.

1

Por aquí, serranías,
que fuisteis para mí siempre montes azules,
por aquí, oscuro y solo,
le abristeis a mi canto
la más alta inicial de primavera.

Hoy os contemplo,
cumbres mantenidas
sin olvidos,
después de tantas nieblas
y años lentos de sangre,
desde este fijo sol en las barandas
de un balcón que ahora pienso
barca de aquella mar
que me entró hasta vosotras, serranías,
que seguís para mí siempre montes azules.

Hoy ya sube el otoño
sus lentos humos de las hojas secas,
que endulzan las montañas, diluyéndolas
en lejanas neblinas.
Hoy es el día del soñar, trayendo
de la oscura memoria
la canción perdida,
el poema confuso que no se escribió nunca.
Hoy llueve ya
y todo ha cambiado.

Osvaldo Gomariz, ahora
(1982)

Una aguja finísima que crea
Sonámbula dibuja
Fijamente
recorta clava y pespuntea
Formas resurgen identificables
rayadas
subrayadas
abiertamente torturadas
                              impecables
Terco insistente
amanecer
Humana esquiva alba silenciosa
Ver
Una clara retina luminosa

Índice

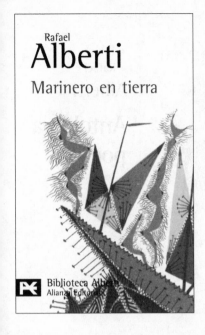

Rafael
Alberti

Marinero en tierra

BA 0050

Premio Nacional de literatura en 1925, MARI-
NERO EN TIERRA es uno de los hitos funda-
mentales de la obra de Rafael Alberti.
Esta primera poesía del maestro gaditano es
leve, grácil, llena de luz y musicalidad, de imágenes y criaturas imaginadas, expresión de la
creciente melancolía del muchacho de mar
anclado en tierra, y en ella resuenan desde los
ecos del Romancero, de Gil Vicente y de
Garcilaso, hasta los de Rimbaud, Verlaine y el
vanguardismo.

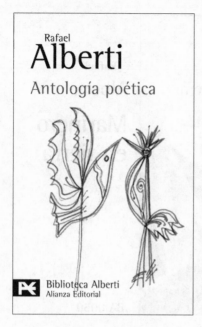

Rafael
Alberti
Antología poética

Biblioteca Alberti
Alianza Editorial

BA 0051

Centrada en la unidad sustancial de la obra
de Rafael Alberti, la presente ANTOLOGÍA
POÉTICA, que abarca más de medio siglo de
creación ininterrumpida –desde 1920 hasta
nuestros días–, da cabal idea de la complejí-
sima personalidad poética albertiana, en la
que se entremezclan, se alternan y se fun-
den, enriqueciéndose entre sí, lo popular y lo
culto, los mitos modernos y los antiguos, el
carácter subjetivo y la materia política, el
humor y la trascendencia.

Rafael
Alberti

La arboleda perdida, 1

Primero y Segundo libros (1902-1931)

BA 0052

LA ARBOLEDA PERDIDA es el evocador título que
dio Rafael Alberti a la obra destinada a recoger sus
memorias. Este primer volumen, terminado en
Buenos Aires en 1959, abarca los años que van
desde 1902 hasta 1931 y da cuenta de los primeros recuerdos –la niñez andaluza, la adolescencia y
la primera juventud del poeta– de una existencia
de enorme plenitud y riqueza, tanto en el plano
vital como en el intelectual, y que abarca prácticamente la totalidad de uno de los siglos más apasionantes de nuestra historia.

Rafael
Alberti

**La arboleda
perdida, 2**

Tercero y Cuarto
libros (1931-1987)

BA 0053

LA ARBOLEDA PERDIDA es el evocador título que
dio Rafael Alberti a la obra destinada a recoger sus
memorias. Este segundo volumen, escrito una vez
reinstalado el poeta en España después de un des-
tierro que duró casi treinta y nueve años, abarca el
periodo comprendido entre 1931 y 1987, años
marcados por la nostalgia de su tierra y la incerti-
dumbre del regreso que impregnaron la madurez de
una existencia de enorme plenitud y riqueza, tanto
en el plano vital como en el intelectual, y que
abarca prácticamente la totalidad de uno de los
siglos más apasionantes de nuestra historia.